W0193560

Weiße SMOOTHIES

cremig & gesund!

CREATISSIMO
EINFACH.SELBER.MACHEN.

EMF

Tanja Dusy

Fotos von
Klaus-Maria Einwanger

EIN BUCH AUS
EDITION MICHAEL FISCHER

IMPRESSUM

Bibliografische Information der Deutschen Bibliothek.

Die Deutsche Bibliothek verzeichnet diese Publikation in der deutschen Nationalbibliografie. Detaillierte bibliografische Daten sind im Internet über http://www.d-nb.de/ abrufbar.

EIN BUCH DER EDITION MICHAEL FISCHER

1. Auflage 2016

© 2016 Edition Michael Fischer GmbH, Igling

Covergestaltung, Illustrationen und Layout: Leeloo Molnár
Produktmanagement und Redaktion: Annika Christof
Fotos: Klaus-Maria Einwanger, Rosenheim

ISBN 978-3-86355-561-0

Printed in Slovakia

www.emf-verlag.de

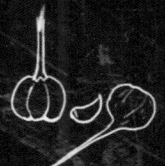

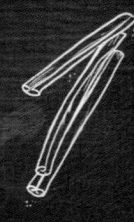

DIE GRUNDLAGEN

WEISS ODER GRÜN?

Bis vor Kurzem galten grüne Smoothies als ultimatives Gesundheitselixier. Doch inzwischen ist Weiß die Trendfarbe in den Gläsern von allen, die schlank und gesund sein wollen und dazu noch Leckeres lieben. Ist „Weiß" das neue „Grün"?

GESUNDES DOPPELPACK

Die Antwort lautet auf jeden Fall „und", nicht „oder". Weiße Smoothies sind die ideale Ergänzung zu ihren großen grünen Brüdern. Diese bestehen im Regelfall fast ausschließlich aus kalorienarmem Gemüse, Kräutern und Obst, das reichlich Vitamine, Mineral- und sekundäre Pflanzenstoffe liefert. Die weißen Verwandten versorgen uns dagegen hauptsächlich mit den primären Nährstoffen Eiweiß und vor allem Fett, das unserem Körper schnell lang anhaltende Energie bringt und noch einiges mehr kann. In der Kombi Weiß-Grün bekommen wir also fast alles, was uns satt, fit und stark macht.

WAS SIND WEISSE SMOOTHIES?

Weiße Smoothies basieren in erster Linie auf reichlich (rohen) gesättigten Fetten und einem kleineren Anteil an ungesättigten Fetten. Das heißt konkret: Es wandern rohe Eier, (Rohmilch-)Butter und Sahne – oder Hanfsamen, Avocados und Nüsse als vegane Variante – und möglichst immer Kokosmus oder -öl in den Blender. Gemixt werden diese Zutaten dann ganz schlicht mit gefiltertem, möglichst kalkarmem Wasser. Gemüse, Obst und Gewürze können dazukommen, sind aber eher nur aromatisches Beiwerk. Diese einfache Kombination (siehe auch Grundrezept S. 7) ist, laut ihrer Erfinder, die beste Grundlage, um unseren Körper, unsere Zellen und unseren Stoffwechsel jung zu erhalten. Als Beweis hierfür werden gerne Naturvölker mit extrem hoher Lebenserwartung zitiert, deren tägliche Nahrung reichlich gesättigte Fettsäuren beinhaltet – man denke z. B. an die Yakbutter, die in Tibet sogar im Tee landet.

EINFACH NUR VOLL FETT?

Fett, und vor allem gesättigtes Fett, galt lange als Dickmacher, der schlimmstenfalls auch noch Herz-Kreislauf-Erkrankungen fördert. Butter war fortan gestrichen, stattdessen gab es eher Margarine oder Light-Ersatzprodukte, die alles andere als „leicht" waren. Ernährungswissenschaftliche Erkenntnisse der jüngsten Zeit rehabilitieren allerdings Butter, Sahne oder vollfetten Käse und auch Eier gelten nicht länger als gefährliche Cholesterinbomben. Neben den bisher empfohlenen, vor allem pflanzlichen, ungesättigten Fetten in z. B. Oliven- oder Rapsöl gelten heute auch wieder gesättigte Fette in Maßen als gesundes Lebensmittel, das unser Körper braucht. Nicht das lange verteufelte Fett, sondern ein übermäßig hoher Konsum an Kohlenhydraten (vor allem in Form von Zucker) wird nun als wahrer Feind der schlanken Linie und Gesundheit angesehen: „Low Carb" und nicht mehr „No Fat" lautet daher die Devise.

SO SMOOTH ...

Fett hat unter anderem den Vorteil, dass es, gut eingesetzt, ein lang anhaltendes Sättigungsgefühl vermittelt – ganz im Gegensatz zu Kohlenhydraten, die unser Stoffwechsel schnell verbrennt und gierig Nachschub davon fordert. Ein weißer Smoothie am Morgen anstelle von Marmeladebrötchen ist nicht nur schnell gemixt, sondern versorgt uns mit satter Energie – und das ganz „No Carb". Und noch mehr soll das in den weißen Smoothies enthaltene Fett laut ihrer Verfechter bewirken: Es wird als ideales Transportmittel gesehen, um Wasser direkt in die Zellen zu befördern und damit für zarte, pralle, faltenlose Haut und ein strahlendes Aussehen zu sorgen. Gleichzeitig soll das Fett helfen, Giftstoffe zu binden und schneller aus unserem Körper zu transportieren. Daher werden weiße Smoothies auch als „Lubrikatoren", als „Gleitmittel", bezeichnet, mit denen unser Stoffwechsel wie „geschmiert" funktionieren kann.

DIE GRUNDLAGEN

   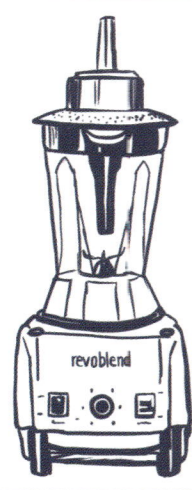

WEISSE SMOOTHIES FÜR ALLE

Auch wenn diese Eigenschaft als „Lubrikator" bei weißen Smoothies wissenschaftlich nicht nachgewiesen ist, sind sie eine gute Ergänzung zu grünen Smoothies und lohnendes Experiment für alle, die sich ohne viel Aufwand gesund ernähren wollen: Sie machen schön lange satt und bringen kompakt gut verwertbare Energie – vor allem wenn man etwas mehr Protein, wie in unseren Rezepten, zugibt: ideal für Sportler, Leute mit wenig Zeit und viel Stress oder als Ergänzung bei vegetarischer oder veganer Ernährung. Und nicht zuletzt: Gut mit Gemüse oder Obst kombiniert, fein gewürzt oder immer wieder neu variiert, schmecken sie einfach richtig toll! So cremig und smooth, dass sie sogar als gesunde Alternative zu Eis oder Milchshakes mithalten können. Und das Tollste: Man braucht nicht viel dafür. Die Grundzutaten hat man meist im Haus oder kauft sie einmal für den Vorrat – ein Haushaltsmixer reicht ebenfalls.

EINS, ZWEI, EI

Rohe Eier sind eine Basis weißer Smoothies. Sie liefern vor allem reichlich essenzielle Fettsäuren, die unser Körper nicht selbst bilden kann, aber dringend braucht. Ein Ei besitzt darüber hinaus 100 Prozent biologische Wertigkeit. Das heißt, unser Körper kann das darin enthaltene Eiweiß eins zu eins in Muskeleiweiß umwandeln. Rohe Eier sind daher eine ideale Zutat in weißen Smoothies. Geschmacklich eher neutral, sorgen sie für eine cremig luftige Konsistenz – ähnlich einer Eiscreme. Die Angst vor Salmonellen ist meist unbegründet, aber man sollte Eier auf jeden Fall immer möglichst frisch verwenden, auf das Haltbarkeitsdatum achten und sie gegebenenfalls im Kühlschrank lagern – Schwangere und Kranke sollten jedoch besser darauf verzichten. Wer rohes Ei ersetzen will, verwendet am besten Hanfpulver oder ein anderes pflanzliches Proteinpulver wie Erbsen-, Lupinen- oder Sojaeiweiß.

RICHTIG FETT KOKOS

Natives Kokosöl oder noch besser Kokos-mus ist die zweite wichtige Smoothie-Zu-tat. Beides enthält besondere, langkettige Fettsäuren (MTC-Säuren), die unser Organismus schneller verstoffwechseln kann als anderes pflanzliches Fett. Daher schlagen sie sich auch nicht in Pfunden nieder, sondern sollen vielmehr den Ener-gieverbrauch sogar ankurbeln und damit diätunterstützend wirken. Wichtig ist, dass man natürlich verarbeitetes Kokosöl oder -mus verwendet; auf keinen Fall das industriell gehärtete „Kokosfett", das es in Platten, meist zum Frittieren, zu kaufen gibt und das extrem schädliche Transfett-säuren enthalten kann. Als Alternative zu Kokosmus können grundsätzlich auch Avocados (deren ungesättigten Fettsäuren sogar cholesterinsenkend wirken), Nüsse und fetthaltige Saaten (ideal: Hanfprotein in Pulverform) verwendet werden. Oder Sahne und Rohmilchbutter (die leider meist schwer erhältlich ist).

PUR ODER NEU GEMIXT

Schon bei den Grundzutaten kann man wie beschrieben ganz nach persönlicher Vorliebe variieren oder Zutaten austau-schen – das gilt prinzipiell für alle Rezep-te. Den eigentlichen Kick geben aber, wie im Buch gezeigt wird, zusätzliche Zutaten, die jeden weißen Smoothie zur neuen leckeren Entdeckung machen. Wer es mal ganz einfach und basic mag, hält sich an das folgende Grundrezept:

CLASSIC WHITE SMOOTHIE

2 frische Eier
2–3 EL Kokosmus
1 Banane
1 kleine reife Birne (wer mag)
200 ml gefiltertes Wasser

Alle Zutaten in den Hochleistungsmixer oder Blender geben (zur Not tut es auch ein Pürierstab und ein ausreichend großes hohes Mixgefäß), weiß-cremig pürieren und sofort genießen.

Strawberry Cheesecake

So wertvoll wie ein kleines Steak und so superlecker wie Käsekuchen made in USA: Ei, Quark und Mandelmus sind prima Proteinlieferanten. Erdbeeren, Vanille und die Banane streicheln die süßen Seiten der Seele.

50 g tiefgefrorene **Erdbeeren**

80 g QUARK

1 kleine Banane

2–3 EL AGAVENDICKSAFT

(nach Wunsch)

1 Ei

Mark von ⅓ **Vanilleschote**

100 ml Mandelmilch

1 EL weißes MANDELMUS

Herbst-Lubri

Mit diesem Drink ist man bestens für die kalte Jahreszeit gerüstet: Wenn Grippeviren durch die Herbstwinde wehen, hilft Vitamin-C-reicher Sanddorn – einfach cool und noch besser als heiße Zitrone.

2 MESSERSPITZEN
gemahlene Nelken

Saft von ½ Zitrone

1 Ei

1 ½ EL
KOKOSMUS

15
GEHÄUTETE
MANDELN

2 EL SANDDORNMARK
MIT HONIG
(ZUM DARÜBERTRÄUFELN)

1 REIFE BIRNE
(180 G)

100 ml
Mandel-
milch

White Chutney

Schon mal südindisches Chutney probiert?
Kokosmild, kräutergrün und höllisch chilischarf
in einem: Das regt Geschmacksnerven, Verdauung
und Abwehrkräfte an – für alle, die es auch
mal richtig pikant mögen.

120 ml Wasser

2 EL Kokosmus

2 PRISEN SALZ

¼ TL gemahlener Kreuzkümmel

1 EI

100 ML KOKOS-WASSER

2–3 EL Limettensaft

2 EL KOKOSRASPEL

CHILIFLOCKEN ZUM BESTREUEN

25 g Koriandergrün

3 Zweige Minze

13

Willkommen im Land des Lächelns: Chinesische Arzneischränke haben einiges zu bieten, vor allem jede Menge leckere Zutaten, die nicht nur gesund machen, sondern auch noch wunderbar schmecken.

White Mandarin

getrocknete Datteln
ohne Stein

1 **2**

getrocknete
Aprikosen

1 **2**

1 *Sternanis*

1 KLEINE KAKI, 180 G

2 EL Cashewkern-Mus

250 ML
REISMILCH
oder Wasser

2 EL ERBSEN-
PROTEIN-
PULVER

2 EL Goji-
Beeren

WHITE *Lassi*

In Indien ist Mango-Lassi das Getränk gegen die drückende Monsunhitze. Genau wie sein weißer Freund: Der kühlt nicht nur ideal bei sommerlichen Temperaturen, sondern macht auf leichte Weise satt.

1 EL
KOKOS-MUS

1 EL
Süßlupinen-proteinpulver

5 G FRISCHER INGWER

125 ml
Wasser
oder
Mandelmilch

150 G MANGO

½ GROSSE BANANE

1 EL

WEISSES MANDELMUS

2–3 Messerspitzen gemahlener Kardamom

Super Bulletproof White Smoothie

Auf den megatrendigen Kaffee mit reichlich Butter und Kokosöl schwören nicht nur Hollywood-Stars: Er soll sechs Stunden wach und einen voll satter Energie halten – hier die cremige weiße Alternative.

150 ml
frisch
gebrühter
Kaffee

warm oder abgekühlt

1 EL HANFPULVER

1
TL

Agavendicksaft

125 ml
Haselnuss-
ODER
Sojamilch

2 EL CASHEWKERN-MUS

⅓ TL
KAFFEE- ODER
LEBKUCHENGEWÜRZ

1 EL
Kokosmus

1 EL (Rohmilch-)**Butter**

White Chai

für alle, die lieber Tee als Kaffee
mögen: Die Bulletproof-Tea-Variante
in Weiß macht mindestens genauso
wach, satt und schmeckt noch dazu
dank Ingwer und Gewürzen herz-
erwärmend gut.

1 EL
Lupineneiweißpulver

50 ml Milch
oder
Sojamilch

1–1½ EL Honig

200 ML
STARKER TEE

(heiß oder
abgekühlt)

¼ TL
Zimtpulver

1 TL GARAM
MASALA

7 g frischer
Ingwer

1 EL
KOKOSMUS

50 G (4 Stunden oder über
Nacht in Wasser eingeweichte)
CASHEWKERNE

WHITE GINGERBREAD

Wer will im Winter immer nur an Glühwein und Plätzchen denken? Wie wär's mal mit dieser Alternative, die neue Farbe in den Winter bringt und herrlich nach Eierpunsch schmeckt?

wer will:
geriebene Muskatnuss
zum Darüberstreuen

Mark von
½ VANILLE-
SCHOTE

2 MESSERSPITZEN
GEMAHLENE
MUSKATNUSS

1 EL
KOKOS-
MUS

½ TL INGWERPULVER

½ TL LEBKUCHEN-
GEWÜRZ

1 Banane

1 EL
dunkle
Melasse

1 ganz
frisches
Ei

200 ml
Haselnussmilch

Healthy Bellini

Hier gibt es einen ganzen Cocktail aus gesunden, frischen Zutaten. Ein Happymaker, der prickelnde Laune und Energie verspricht, auch ohne Promille – herrlich erfrischend und säuerlich spritzig.

Saft von ½ Zitrone

1 EL Lupineneiweiß-Pulver

2 REIFE WEISSE PFIRSICHE

oder 4 weiße Weinberg-pfirsiche

12 grüne WEIN-TRAU-BEN

1 EL Mandelmus

1 EL Kokosmus

300ml Mandelmilch

Blueberry-Muffin

Die Frühstücksalternative zu zuckersüßen Törtchen. Wer sich diesen Drink gleich morgens gönnt, bleibt länger fit und schlank – da geht dann nachmittags garantiert auch mal ein kleines Törtchen … oder zwei …

ERDBEEREN

1 EL
Lupinen- oder
Erbseneiweiß-
pulver

1 EL
KOKOSMUS

1 KLEINE
BANANE

50 G TK-
Heidelbeeren

300 ml
Kokos-Reisdrink

Mark von 1½
Vanilleschote

27

Weißkäppchen

Oben weiß, unten rot und rundum gesund. Ein echter Powerdrink, der märchenhaft gut schmeckt und noch dazu was fürs Auge bietet. Gut gekühlt, genau das Richtige zur Sommerbeeren-Zeit.

FÜR OBEN:

1 EL Erbsen- *oder* Lupinenproteinpulver

1 EL ZITRONENSAFT

1 ½ EL KOKOSMUS

1 kleine Banane

50 ml Kokos-Reis-Drink

FÜR UNTEN:

Bei tiefgekühlten Früchten 5 EL Wasser oder Kokos-drink mitpürieren!

50 g ERDBEEREN, frisch oder tiefgekühlt

70 g Himbeeren, FRISCH ODER TIEFGEKÜHLT

29

1001-Nacht-Lubri

Sesam öffne dich –
und bring uns Power
für alle Alltagsaben-
teuer. Zusammen mit
etwas pflanzlichem
Protein ist dieser
Drink nicht nur für
Safaris und Wüsten-
touren wie geschaffen.

1 ½ EL Tahin (Sesammus)

1 **2** **3**

Datteln (frisch oder getrocknet)

100–125 ml Wasser

⅓ **TL Lebkuchen-** gewürz

Außerdem nach Wunsch: 2 EL Granatapfelkerne und 1 TL Sesam zum Bestreuen

1 EL Süßlupinen- *oder* Erbsenproteinpulver

1 Orange

1 kleine Banane

WHITE GOLD

Nicht nur für Sportler und Athleten, die nach
Medaillen streben: Bei allen, die mit mehr
Energie starten und ohne Leistungstief durch
den Tag kommen wollen, steht dieser Drink
auf dem Siegerpodest garantiert ganz oben.

1 kleine reife Birne
Williams (150 g)

MARK VON ¼
VANILLESCHOTE

1 EL GEHACKTE PISTAZIEN
zum Bestreuen

1 ½ EL
weißes
Mandelmus

1 Messerspitze
gemahlener Safran

3

MESSERSPITZEN
abgeriebene
Orangenschale

2
ORANGEN,
geschält

1 Ei

WHITE LIKÖRCHEN

Seine Entstehung verdankt Eierlikör laut einiger Hersteller wohl dem Mangel an Avocados, die es zu ersetzen galt. Alkoholfrei, dafür gleich mit Avocado und Ei, wird aus Omas Liebling dieser Lieblingssmoothie.

2 Prisen frisch
geriebene Muskatnuss

1 reife
AVOCADO

1 SPRITZER
ZITRONENSAFT

1 EL Honig

2 EL Cashewkern-Mus

250ml Wasser

Mark von 1/3
Vanilleschote

1 EI

35

Virgin White Piña Colada

Karibik, Sonne, Palmen – um davon zu träumen, braucht es nicht unbedingt literweise Rum. Es geht viel einfacher und dazu noch gesünder: Alle Zutaten in den Mixer, anschalten, ins Glas gießen und genießen.

120 g *(tiefgefrorene)*
Ananas in Stücken

1 kleine
BANANE

1 EL
KOKOS-
MUS

1 EL LIMETTENSAFT

1 Ei

150 ML KOKOSMILCH

PEANUTBUTTER-COOKIE Smoothie

Mal nicht zum Knuspern, sondern zum seeligen Schlürfen: Mit gesunden Kakao-Nibs, üppig Erdnuss- und Kokosmus läuft dieser Smoothie garantiert jedem Keks den Rang ab.

1 Prise
Meersalz

¼ TL Zimtpulver

200 ml
Kokosdrink

1 EL
Zitronensaft

2 EL
KOKOSMUS

2 EL
Erbsenprotein-
pulver

2 TL KAKAO-NIBS:
1 TL mitmixen und
1 TL davon zum
Bestreuen

1
GROSSE
Banane

2 EL
ERDNUSS-
MUS

WHITE CURRY

Echt scharf, anregend und zur Abwechslung mal aufregend würzig ist dieser Smoothie perfekt für alle, die nicht nur auf Süßes stehen. Genau das Richtige als Lunch-Drink.

2 EL KOKOSMUS

2 Prisen Salz

¼ TL CURRYPULVER

100 ml Kokosmilch

1 EL GEHACKTES KORIANDERGRÜN ZUM BESTREUEN

100 G gefrorene ANANAS IN Stücken

10 g frischer Ingwer

1 Möhre

(80 g)

100 ml Wasser

1 Ei

41

White Salad

Salad goes Smoothie –
so wird aus einem Winter-
klassiker fix ein cremiger
Drink. Die anregenden
Bitterstoffe im Chicorée
bringen Magen und Darm
auf Trab, werden aber
durch Apfel und Dattel
sanft gemildert.

2 DATTELN

Saft von 2 MANDARINEN

1 Chicorée (100 g)

1 kleiner Apfel

2 EL WALNUSS-KERNE

80 g Sahne

25 g Rohmilchbutter ODER 1 EI ♡

43

Carrot-Cake-Lubri

Unbake your cake – denn frisch und roh stecken in Möhre, Ananas und Ingwer noch reichlich gesunde Vitalstoffe. Trotzdem ein echter Lieblingssmoothie, der wie frisch gebacken schmeckt.

1 EI

100 G ANANAS

150 ml Haselnussmilch

2 EL Kokosmus

1 MÖHRE (70 G)

10 g frischer Ingwer

3 MESSERSPITZEN ZIMTPULVER

Bounty-Lubri

Gehaltvoll wie ein Schokoriegel, aber garantiert gesünder. Ohne Zucker, dafür mit allem Guten, was in Schokolade steckt: Reine Kakaobutter mit dem Gesund-Plus sorgt für cremigen Schmelz.

1 EL KOKOSMUS

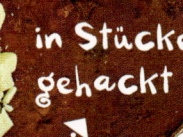

15 G KAKAO-BUTTER

in Stücke gehackt

1 EI

1 EL KAKAO-NIBS *zum Bestreuen*

1 kleine **BANANE**

1 Spritzer Limettensaft

80 ml Wasser

100 ML KOKOS-MILCH

ÜBER DIE AUTORIN

Tanja Dusy fühlt sich am wohlsten, wenn es in der Küche richtig rundgeht. Viele Jahre lang arbeitete sie als Kochbuch-Redakteurin und konnte sich auch als Autorin einen Namen machen. Ihr Titel „Smoothie – Obst-Power im Glas" hat sich mittlerweile über 150.000-mal verkauft und gilt als Longseller unter den Smoothie-Büchern. Als Küchenprofi entwickelt Tanja Dusy Rezepte, die nicht nur verlässlich gelingen, sondern auch das besondere Etwas haben.

Der **Revoblend RB500** ist der Ferrari unter den Mixern und ideal geeignet für das Zubereiten von Raw-Food-Mahlzeiten und Smoothies. Der Sockel besteht aus hochwertigen Materialien und ist somit sehr belastbar, der Mixbehälter mit zwei Liter Fassungsvermögen ist garantiert bpa-frei, da er aus Tritan-Kunststoff gefertigt wurde. Mit seinen sechs Klingen mit Wellenschliff macht der Revoblend vor nichts halt: Jede Form von Obst, Gemüse, Blattgrün, ja sogar Kerne, Nüsse oder Getreide zerkleinert er zu einer cremigen Masse. Bei 38.000 Umdrehungen pro Minute bleiben aufgrund der kurzen Mixzeit alle wertvollen Nährstoffe erhalten. So ist auch die beliebte Mandelmilch im Handumdrehen selbst hergestellt und das widerspenstigste Kohlrabigrün wird fix zum Green Smoothie gemixt.